IGREJA ESPÍRITO SANTO DO CERRADO   ESPÍRITO S.

Uberlândia, Brasil   1976-1982

Textos / Texts
Lina Bo Bardi
Edmar de Almeida

blau

Editorial Blau
Instituto Lina Bo e P.M. Bardi

IGREJA ESPÍRITO SANTO DO CERRADO
Lina Bo Bardi

Fui convidada pelo Frei Egydio Parisi, franciscano do cerrado do Triângulo Mineiro, para fazer a igreja na periferia de Uberlândia, MG, entre um quartel militar e um bairro popular ... Não tinha dinheiro...

A igreja foi construída por crianças, mulheres, pais de família, em pleno cerrado.

Construída com materiais muito pobres, coisas recebidas de presente, em esmolas. É tudo dado. Mas não no sentido paternalista, mas com astúcia, de como pode se chegar a coisas com meios muito simples.

O que houve de mais importante, na construção da Igreja do Espírito Santo, foi a possibilidade de um trabalho conjunto, entre arquiteto e mão-de-obra.

De modo algum foi um projeto elaborado num escritório de arquitetura e enviado simplesmente para a execução, pois houve um contato fecundo e permanente entre arquiteto, equipe e povo que se encarregou de realizá-lo.

A igreja está diretamente ligada ao Centro Comunitário e consta de uma residência para três religiosas, um salão, um galpão para reuniões e festas e um campinho de futebol.

As dimensões são as mínimas necessárias, como se pode ver nas celas das irmãs e no pequeno pátio interno.

Sem reboco nem acabamentos especiais, na realização desse projeto foram empregados

ESPIRITO SANTO DO CERRADO CHURCH
Lina Bo Bardi

I had been invited by Friar Egydio and Friar Fúlvio, Franciscan monks of the hinterlands in the Minas Gerais Triangle, to build a church in the outskirts of Uberlândia, MG, located between a military barracks and a popular district...

There was no money... The church was built by children, women, fathers of families, out in the country.

It was built of the poorest materials. Things received as a gift, as alms.

And it was all given freely, but not in the sense of a paternalism, but astutely, as how to arrive at things by very simple means.

The most important thing during construction of the Espírito Santo church was the possibility of a joint effort, between architect and labor.

In no way was it a design prepared in an architect's office and simply sent along for execution, as there was a close, permanent contact between the architect, the construction team and the people who undertook to build it.

The church is directly connected to the Community Center and consists of a home for three nuns, a hall, a shed for meetings and celebrations and one small football field. Dimensions are the smallest possible, as may be seen in the nuns' cells and the tiny internal patio.

With no plastering or special finish, locally obtainable materials were used throughout the

Paolo, Xavier, Teresa, Edmar, Lina, Frei Egydio, Dona Aurora e Frei José

Uberlândia
Santo Espírito do Cerrado

A Igreja: aulas, festas, reuniões, além do culto tradicional.
Notas técnicas - estrutura de tijolos e concretos (pilares e alicerces).
Exterior/ reboque de cimento e areia 3/1 com pedras 2 ou seixos rolados colocados a mão, cacos de vidro e azulejos. Pequenas aberturas (10 x 10 cm~) com vidros cortados em cores diferentes. Piso: pedra mineral local.
Cobertura: telhas tipo colonial assentadas diretamente na estrutura de aroeira, sem forro. No topo as mesmas telhas de vidro, para concentrar a luz no altar.
Alojamento das freiras: celas com pisos de tábuas corridas, o mesmo nas salas.
Serviços: cerâmica. Em volta do telhado floreira com plantas do Cerrado (conforme desenho).

Uberlândia
Santo Espírito do Cerrado

The church: lessons, parties, meetings, besides the traditional services.
Technical notes – structure of bricks and concrete pillars and foundations.
Exterior: Mortar of 3/1 cement-sand mix with no. 2 stones or round pebbles placed by hand, shards of broken bottles and tiles. Small openings (10 x 10cm ~) with cut glass in different colors. Flooring: local mineira stone.
Roofing: colonial style tiles seated directly on a structure of aroeira wood, with no ceiling. At the top, the same tiles in glass, to concentrate the light over the altar.
Nuns' lodgings: cells with board flooring, as in the rooms.
Service areas: ceramic. Around the roof a planter with plants from the Cerrado (as per drawing).

materiais do próprio local: tijolos de barro e a estrutura portante de madeira (aroeiras da região). Restringiu-se o emprego de concreto armado apenas para as partes essenciais da estrutura. A cobertura de telha é "capa-e-canal" e o piso, muito simples, é cimento, com pequenos seixos rolados. Todos os materiais aparentes e a pintura aplicada diretamente sobre a estrutura.

Nossa experiência não é a de uma "elite folclórica", mas, um teste de viabilidade, tendo em vista a possibilidade de uma produção habitacional ao alcance econômico do povo e realizada com a colaboração ativa desse mesmo povo.

project: clay bricks and the wooden supporting structure (aroeira wood from the region). Reinforced concrete was limited only to the essential parts of the structure. The roofing is of colonial tiles and the flooring, very simple, is of cement, with small rolled pebbles. All the materials are exposed, with paint work applied directly to the structure.

Our experience is not one of a "folkloric elite", but a feasibility test, with an eye to the possibility of the production of housing within the financial possibilities of the people and executed by their own active participation.

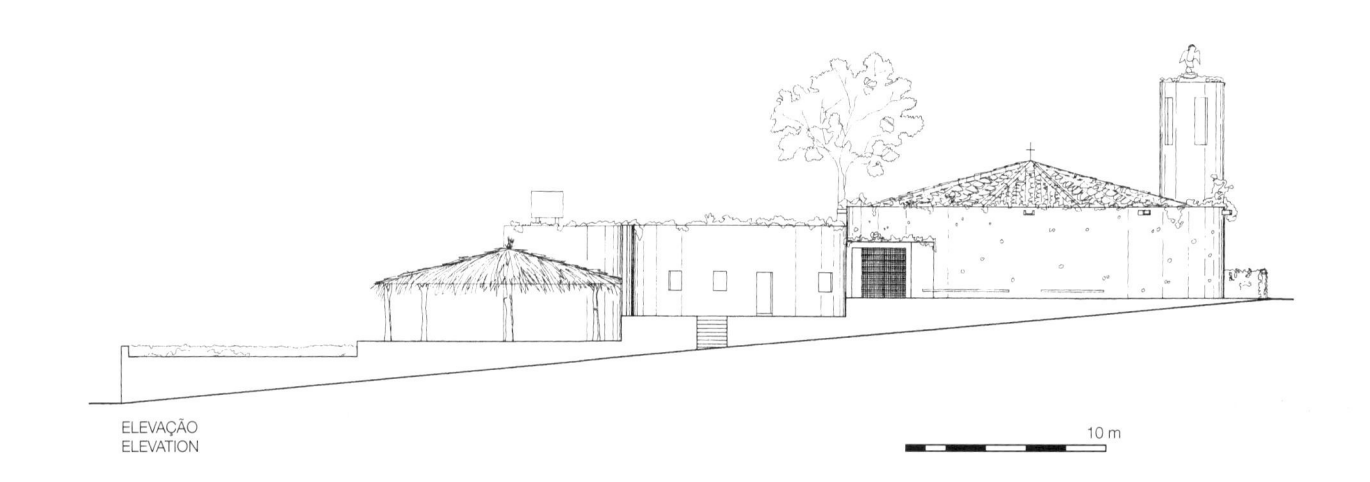

ELEVAÇÃO
ELEVATION

10 m

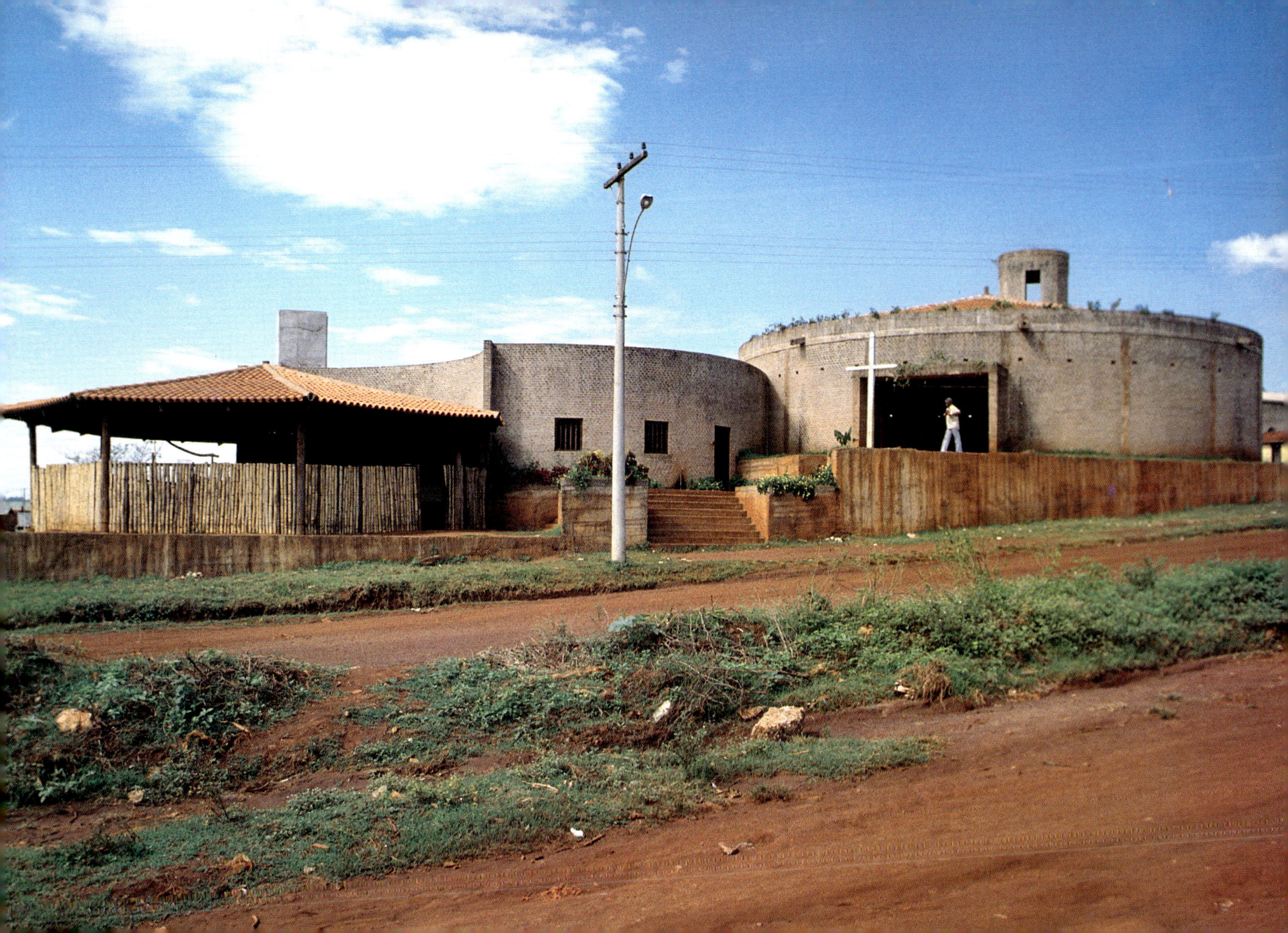

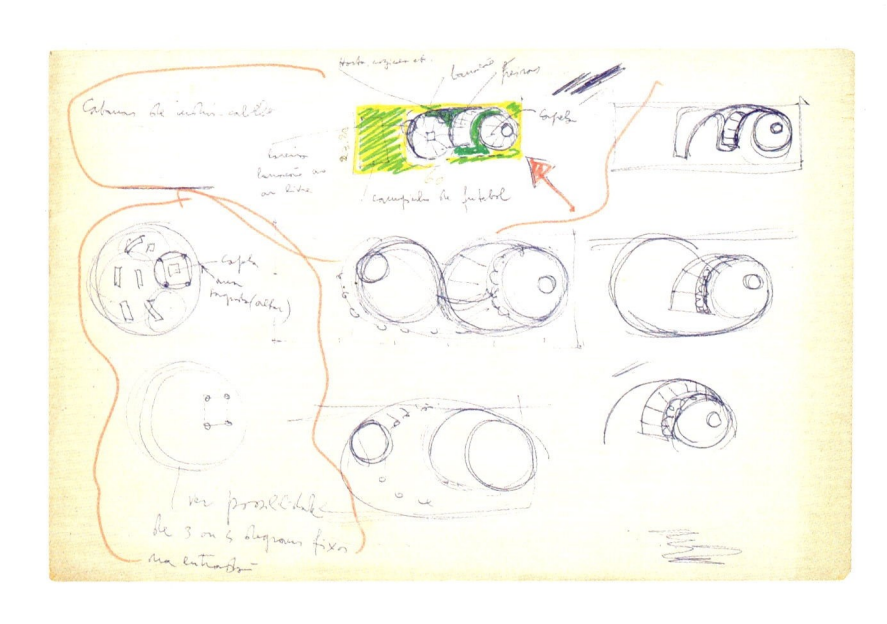

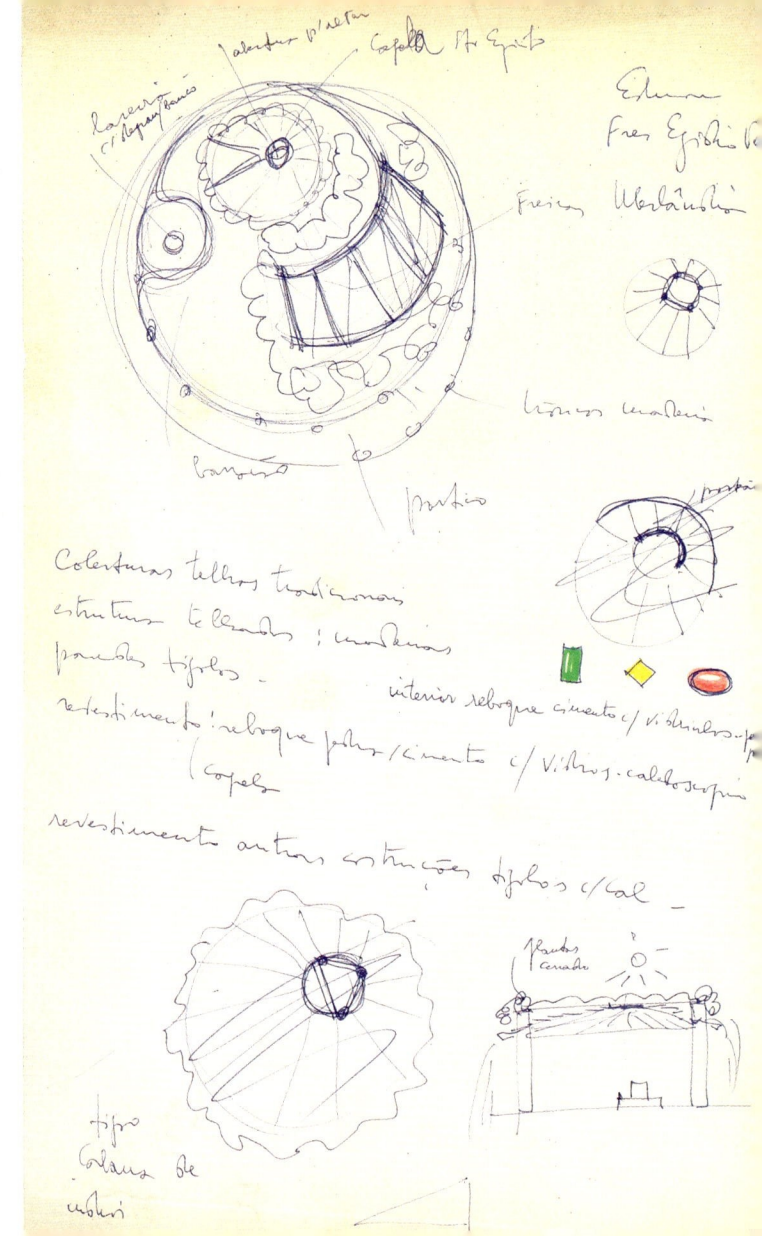

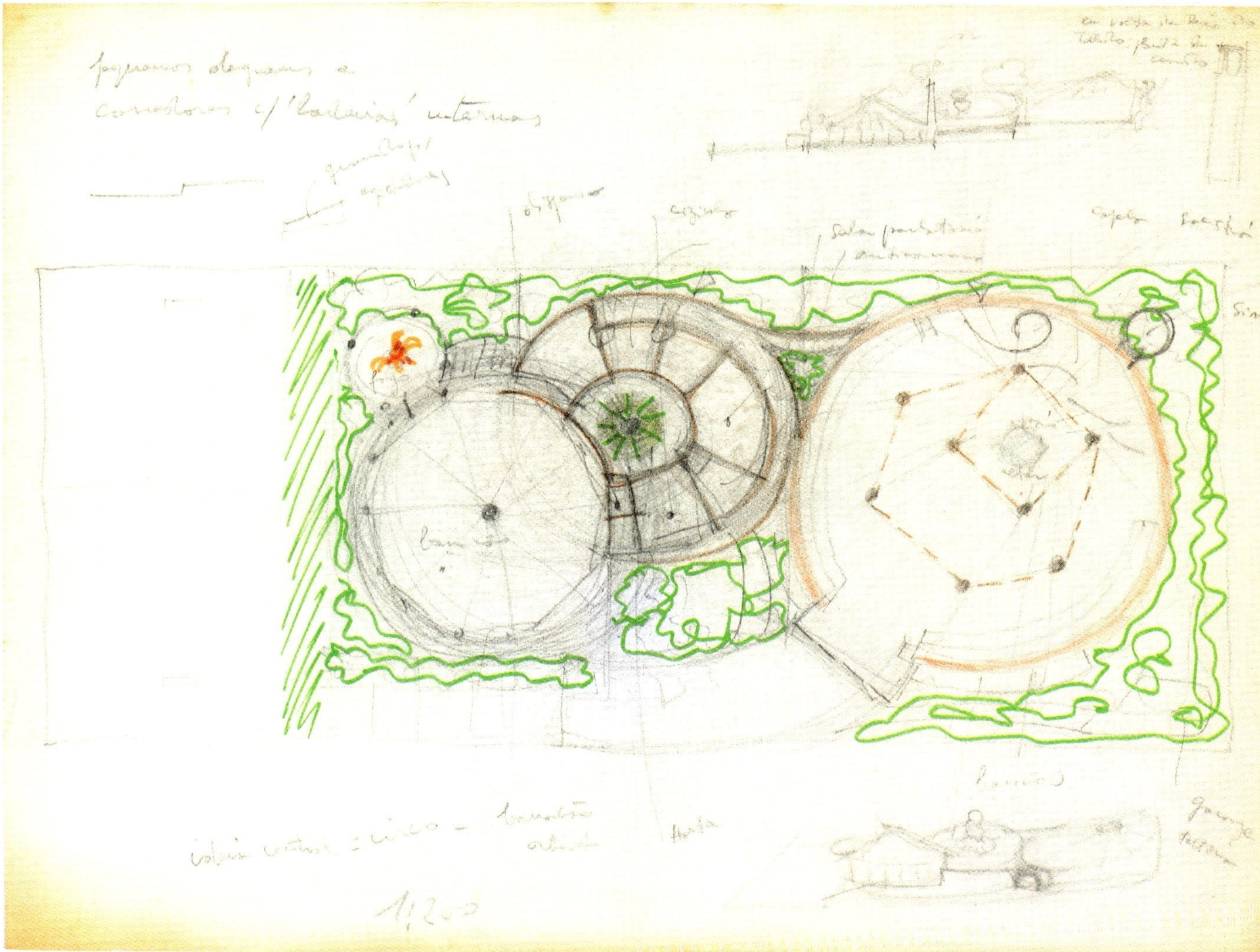
Horta
1/200

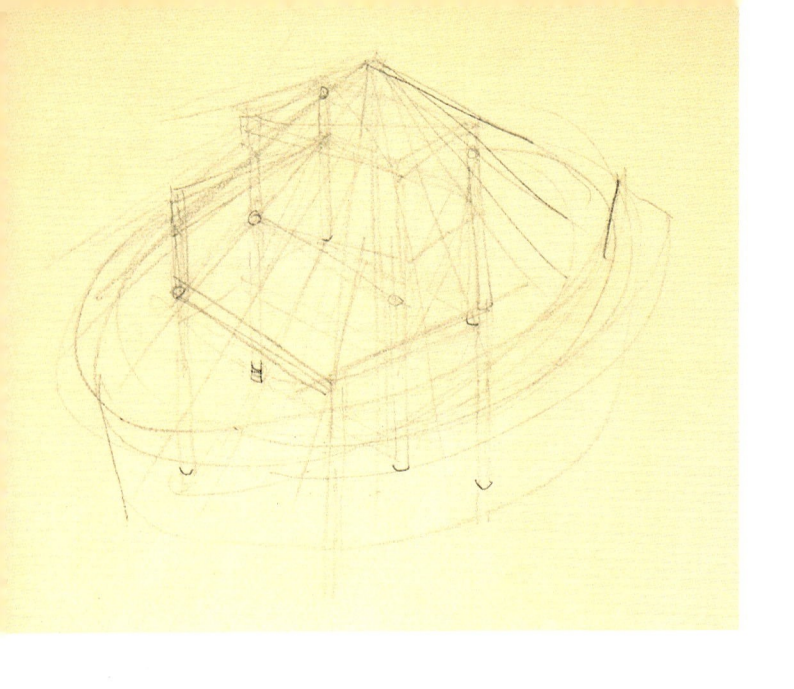

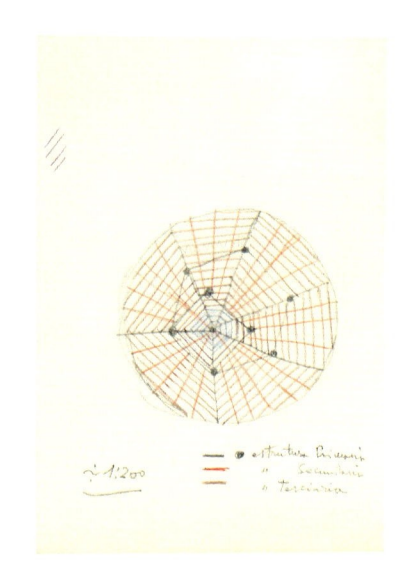

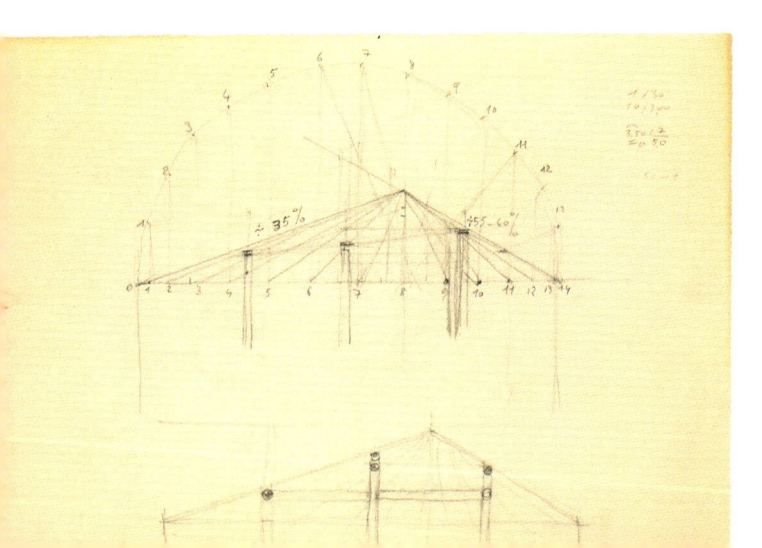

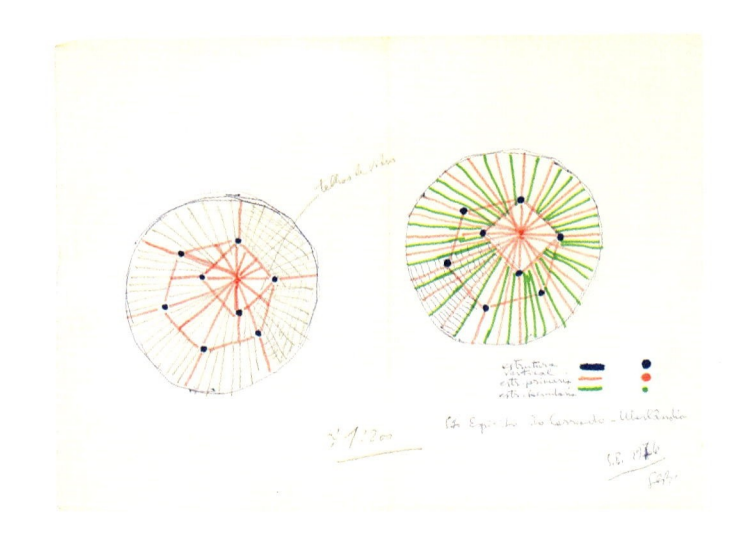

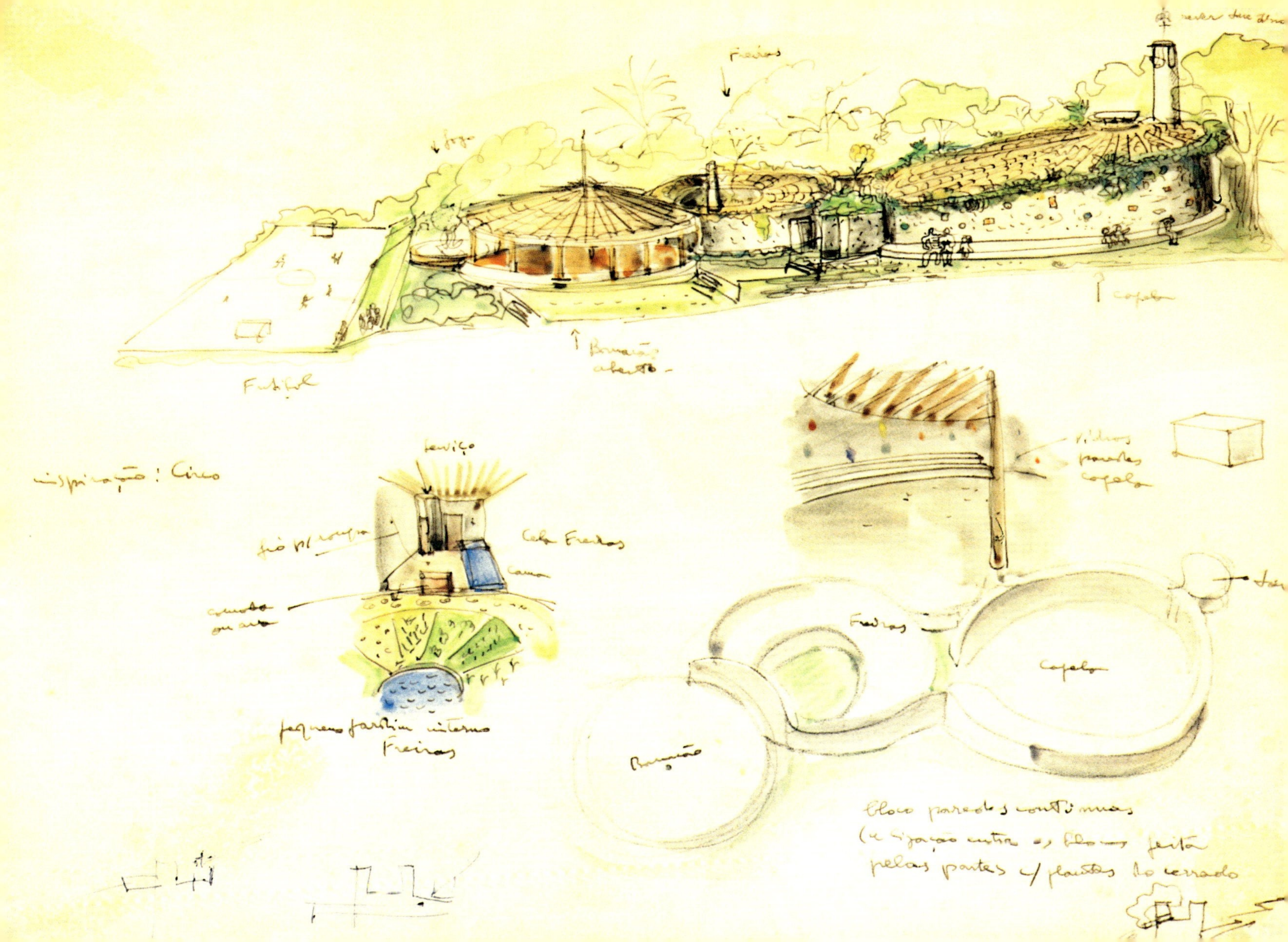

UMA NOVA FLOR NO CERRADO
Edmar de Almeida

A capela do Espírito Santo passou a existir, como projeto, em 1975, quando Frei Egydio Parisi e Frei Fulvio Sabia pediram à arquiteta Lina Bo Bardi que lhes fizesse um desenho. Estes padres franciscanos tinham um terreno no Bairro Jaraguá que, embora de pequenas dimensões, deveria ser totalmente aproveitado para uma capela, uma residência pequena e um salão de reuniões.

Com os moradores, foi constituído um "conselho de construção", por eles mesmos eleito. Conseguiu-se uma ajuda substancial da organização alemã "Adveniat", sediada em Essen. De 75 a 81, a arquiteta esteve por diversas vezes em Uberlândia, para dar prosseguimento à construção, escolhendo os materiais, fazendo todos os detalhamentos "in loco" e, principalmente, trabalhando diretamente com o mestre de obras e os operários. Frequentemente, se fazia acompanhar pelos arquitetos André Vainer e Marcelo Ferraz, integrantes da sua equipe.

A igreja, em formas curvas teve como material apenas tijolo comum, sem reboco, assentado com barro e estrutura de madeira (aroeiras lavradas).

Além da capela, acompanhando o declive do terreno, a casa das freiras – um pequeno claustro – e um galpão aberto, semelhante a uma oca indígena, utilizado para evangelização. Ao lado, uma pequena creche com algum equipamento de lazer.

André Vainer: "Só mesmo um grande arquiteto e com uma larga experiência poderia

A NEW FLOWER IN THE CERRADO
Edmar de Almeida

The chapel of *Espirito Santo* came to exist as a project in 1975, when Frei Egydio Parisi and Frei Fulvio Sabia asked architect Lina Bo Bardi to design it. The Franciscan fathers had a piece of land in Bairro Jaraguá which, although small, should be entirely taken up by the chapel, a small residence and a meeting hall.

A "Construction Committee" was formed, elected by the people themselves. A substantial contribution was received from a German organization, "Adveniat", headquartered in Essen. Between 1975 and 1981 the architect was in Uberlândia several times to oversee the construction, selecting materials, doing the detailing on site and mainly working directly with the works foreman and the builders. She was frequently accompanied by architects André Vainer and Marcelo Ferraz, members of her team.

The church has a curved shape, and for material used only common brick, without mortar, seated with mud, and a wooden structure (hewn *aroeira* wood beams).

Besides the chapel, and conforming to the slope of the land, there was the nuns' house - a small cloister - and an open shed, similar to an Indian grass hut, utilized for services. Alongside, a small *crèche* with some leisure equipment.

André Vainer: "Only a great architect with wide experience could arrive in her maturity at such a pure form. In various aspects this design

CORTE
CROSS SECTION

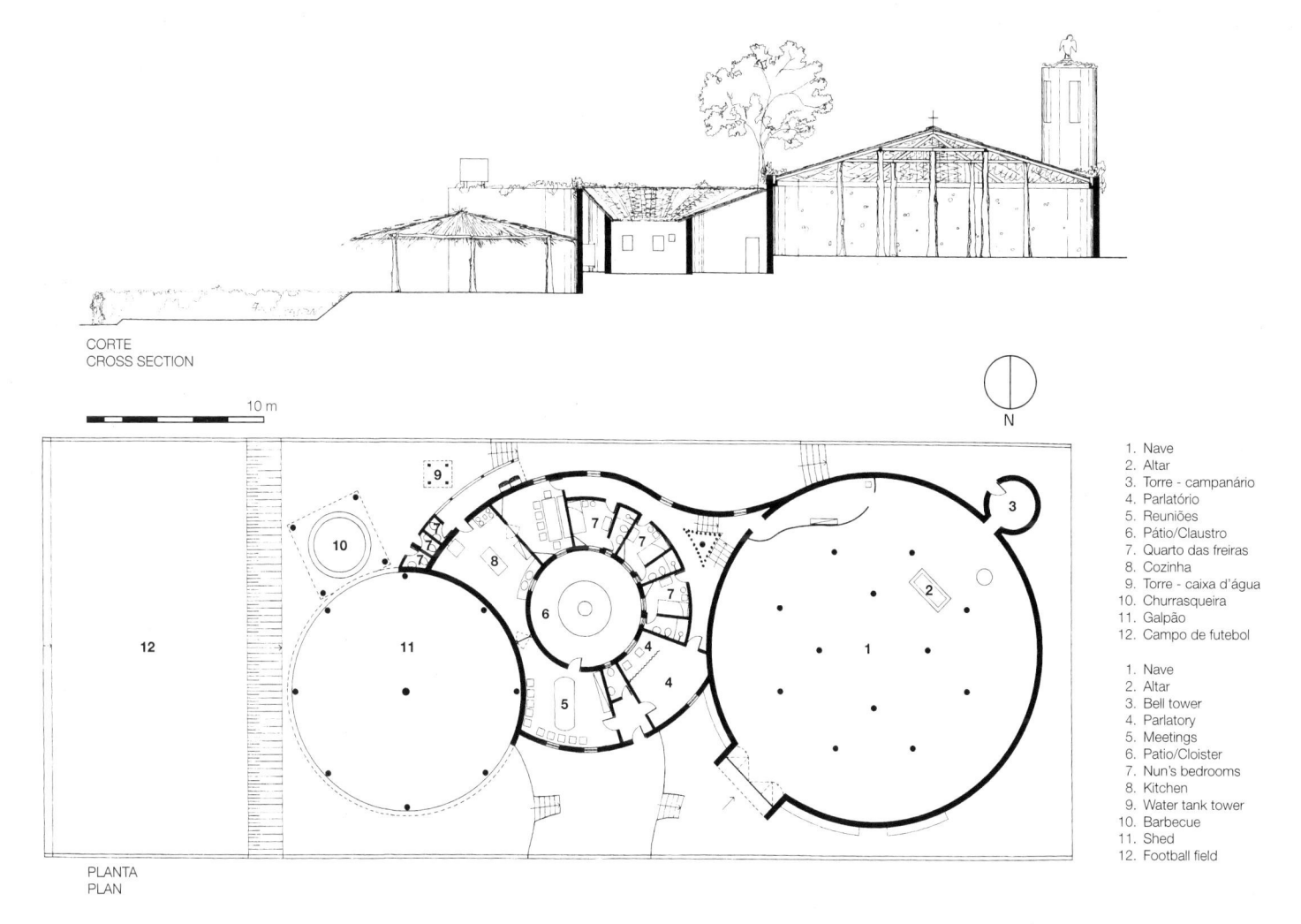

10 m

N

PLANTA
PLAN

1. Nave
2. Altar
3. Torre - campanário
4. Parlatório
5. Reuniões
6. Pátio/Claustro
7. Quarto das freiras
8. Cozinha
9. Torre - caixa d'água
10. Churrasqueira
11. Galpão
12. Campo de futebol

1. Nave
2. Altar
3. Bell tower
4. Parlatory
5. Meetings
6. Patio/Cloister
7. Nun's bedrooms
8. Kitchen
9. Water tank tower
10. Barbecue
11. Shed
12. Football field

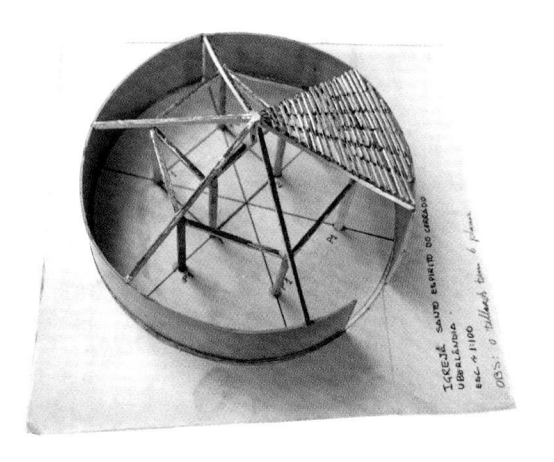

chegar em sua maturidade a uma forma tão pura. Esse projeto, em vários aspectos, é definitivo. Sua estrutura é aparentemente simples, mas geometricamente muito complicada e para resolvê-la, foi necessário construir uma maquete, que permitisse melhor pensá-la. Houve um grande número de desenhos preparatórios, todos eles muito discutidos, até que se chegasse à solução final do projeto, o que ocorreu no próprio local".

Marcelo Ferraz: "No projeto, encontram-se elementos arquitetônicos que ocorrem desde o páleo-cristão, até a experiência arquitetônica portuguesa no Brasil, propondo um novo espaço religioso, numa época em que a arquitetura religiosa vem decaindo lamentavelmente".

Concluindo, algumas idéias do projeto:

A primeira delas é que esse conjunto arquitetônico, aparentemente muito simples, é uma obra revolucionária em termos de espaço sagrado, no meio de um oceano de igrejas feias e de gosto discutível, em que há possibilidade de silêncio e oração;

A segunda é uma nova colocação para o espaço comunitário, acompanhando a evolução da Igreja atual, na sua adequação com os habitantes de periferia;

A terceira é uma proposta nova no tocante ao espaço habitacional, colocando em cheque, de maneira definitiva, as soluções deficientes e miseráveis do BNH (Banco Nacional de Habitação).

Como obra de arquitetura é um marco novo no panorama arquitetônico brasileiro pós Niemeyer, uma nova flor no Cerrado.

is definitve. Its structure is apparently simple, but geometrically it is very complicated, and to solve this it was necessary to build a scale model to help think it out. There were a great number of preparatory sketches, all of them the subject of much discussion before the final solution of the project was arrived at, all done on site".

Marcelo Ferraz: "The design includes architectural elements occurring from early Christian art to the architectural experience of the Portuguese in Brazil, proposing a new religious space, at a time when religious architecture is lamentably deficient".

To sum up, some of the project's ideas:

The first is that this apparently very simple architectural complex, is a revolutionary work in terms of a sacred space - in the midst of an ocean of ugly churches of questionable taste - in which there is the possibility for silence and prayer;

The second is a new location for community space, in harmony with the evolution of the present church, with its adjustment to the inhabitants of the neighborhood;

The third is a new proposal regarding habitational space, putting a definite end to the deficient and miserable solutions of the BNH (National Habitation Bank).

As an architectural work it is a new mark in the Brazilian architectural panorama post Niemeyer, a new flower in the *Cerrado**.

* *Cerrado: an arid region in central Brazil.*

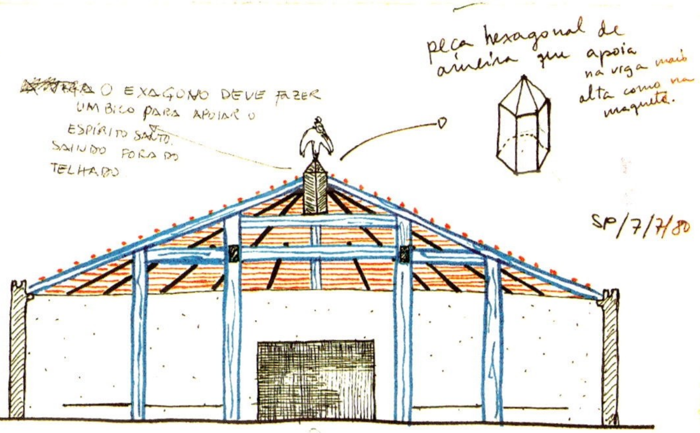

CORTE AA

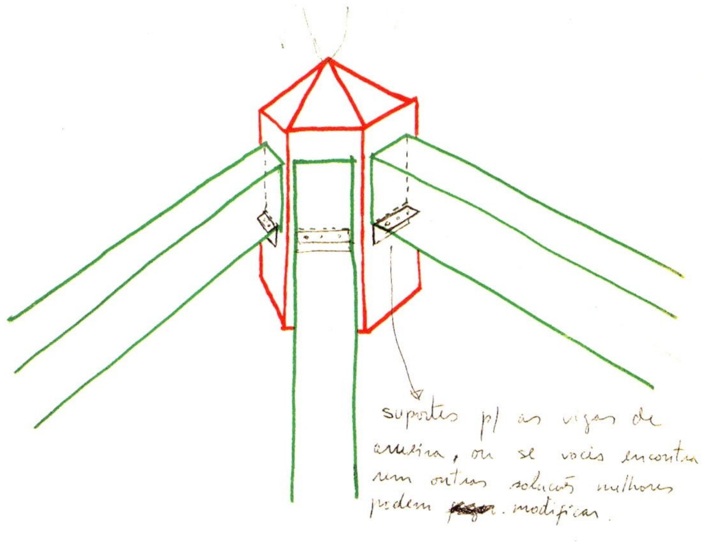

ESTRUTURA DO TELHADO

ESC: ≈ 1:100

SP/ 7/7/80

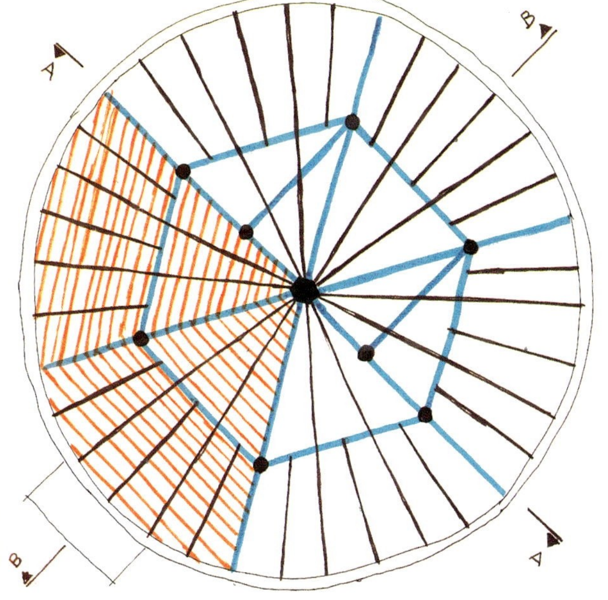

LEGENDA
- ESTRUTURA PRIMÁRIA (AROEIRA) ≈ 20 X 20
- ESTRUTURA SECUNDÁRIA (VIGAS DE PEROBA ≈ 6 X 20 OU 6 X 16
- ESTRUTURA TERCEÁRIA (CAIBROS DE PEROBA ≈ 5 X 6 cm)

VERIFICAR C/ CALCULISTA

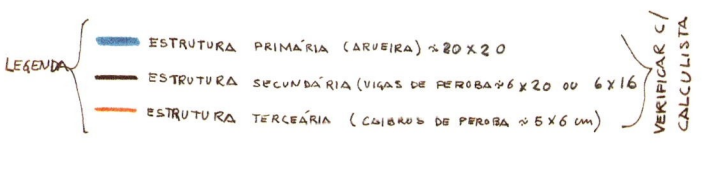

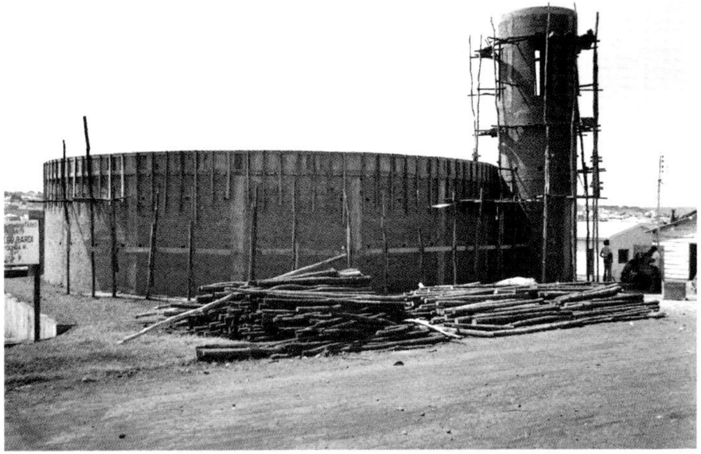

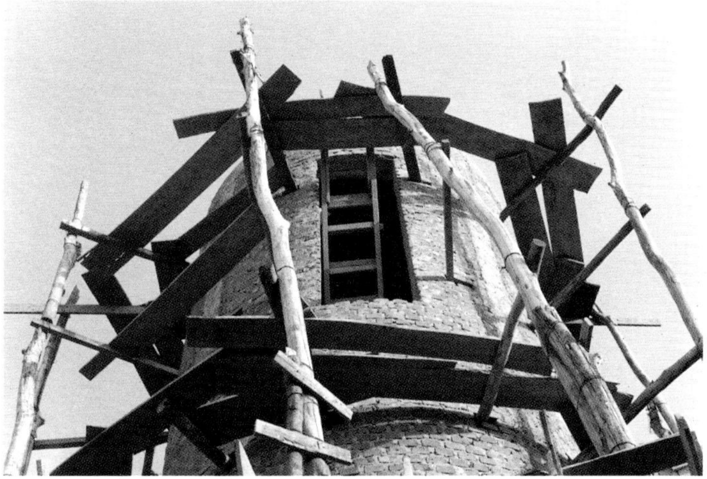

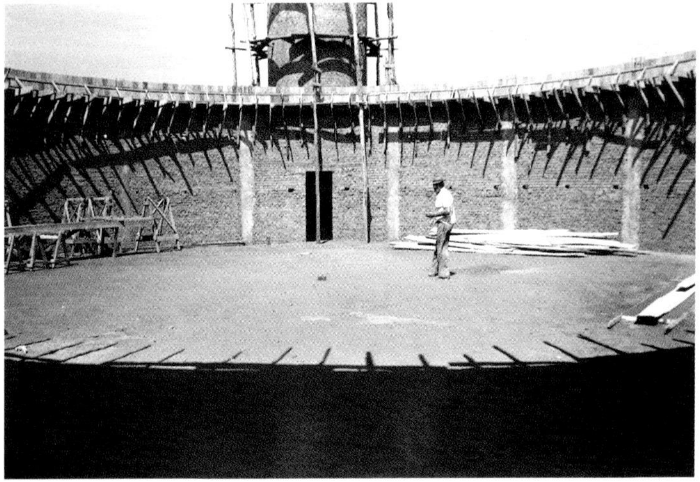

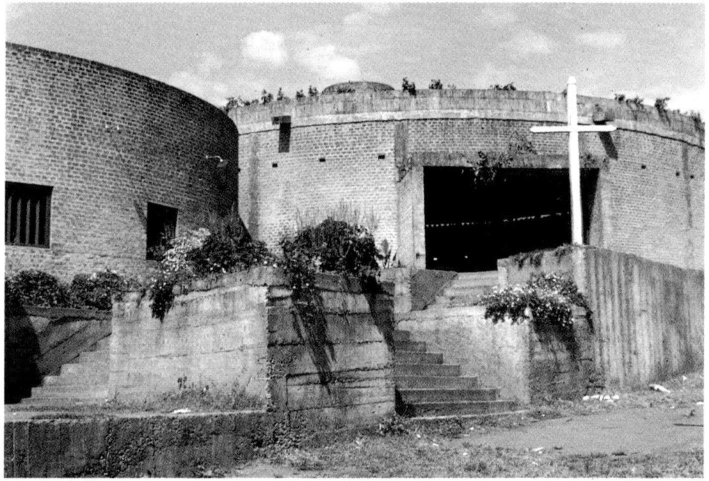

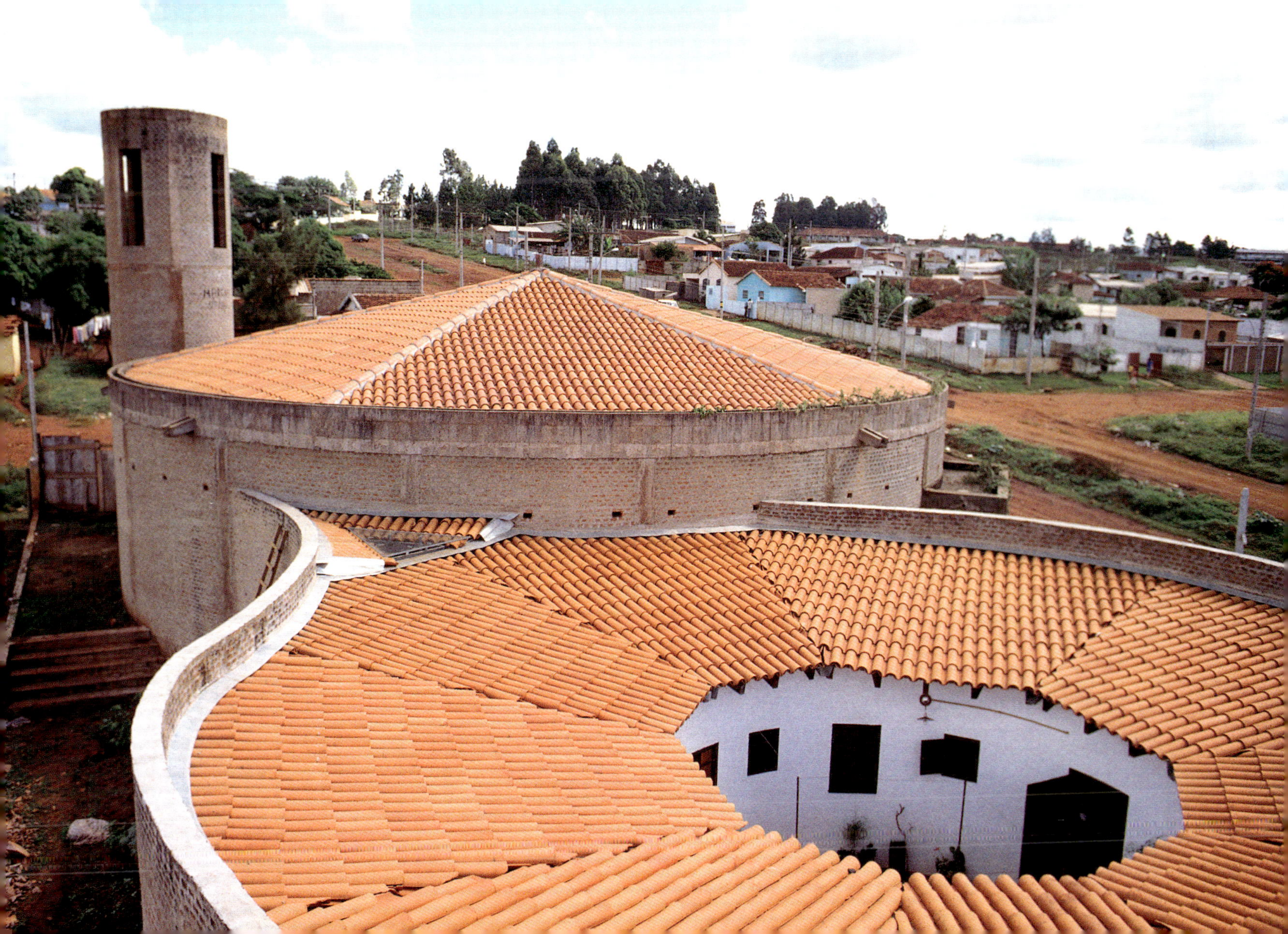

San Carlo

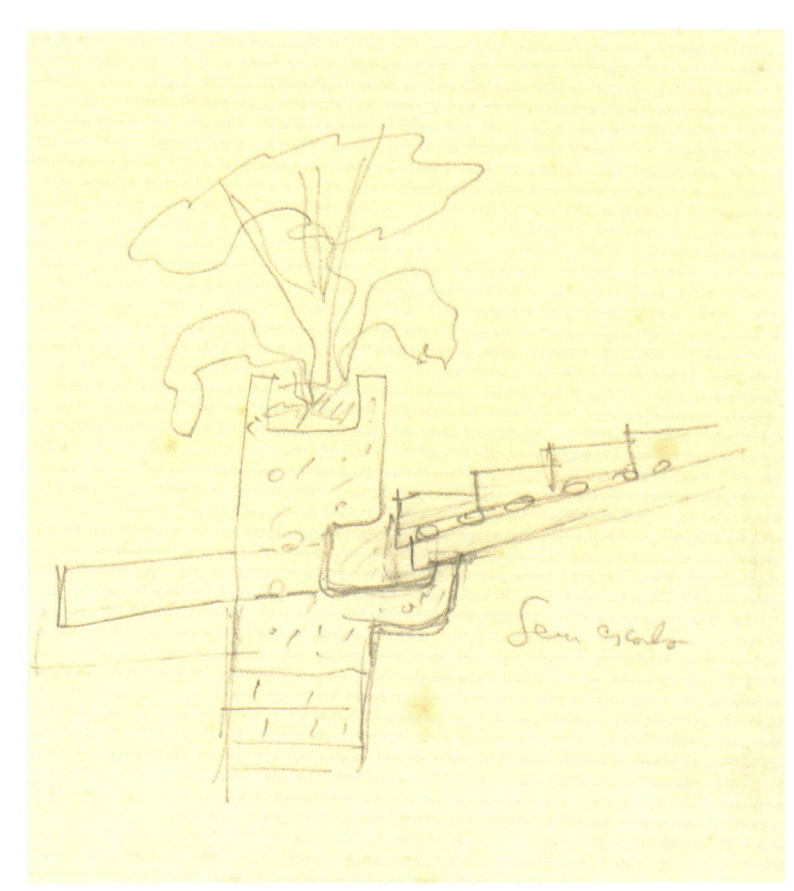

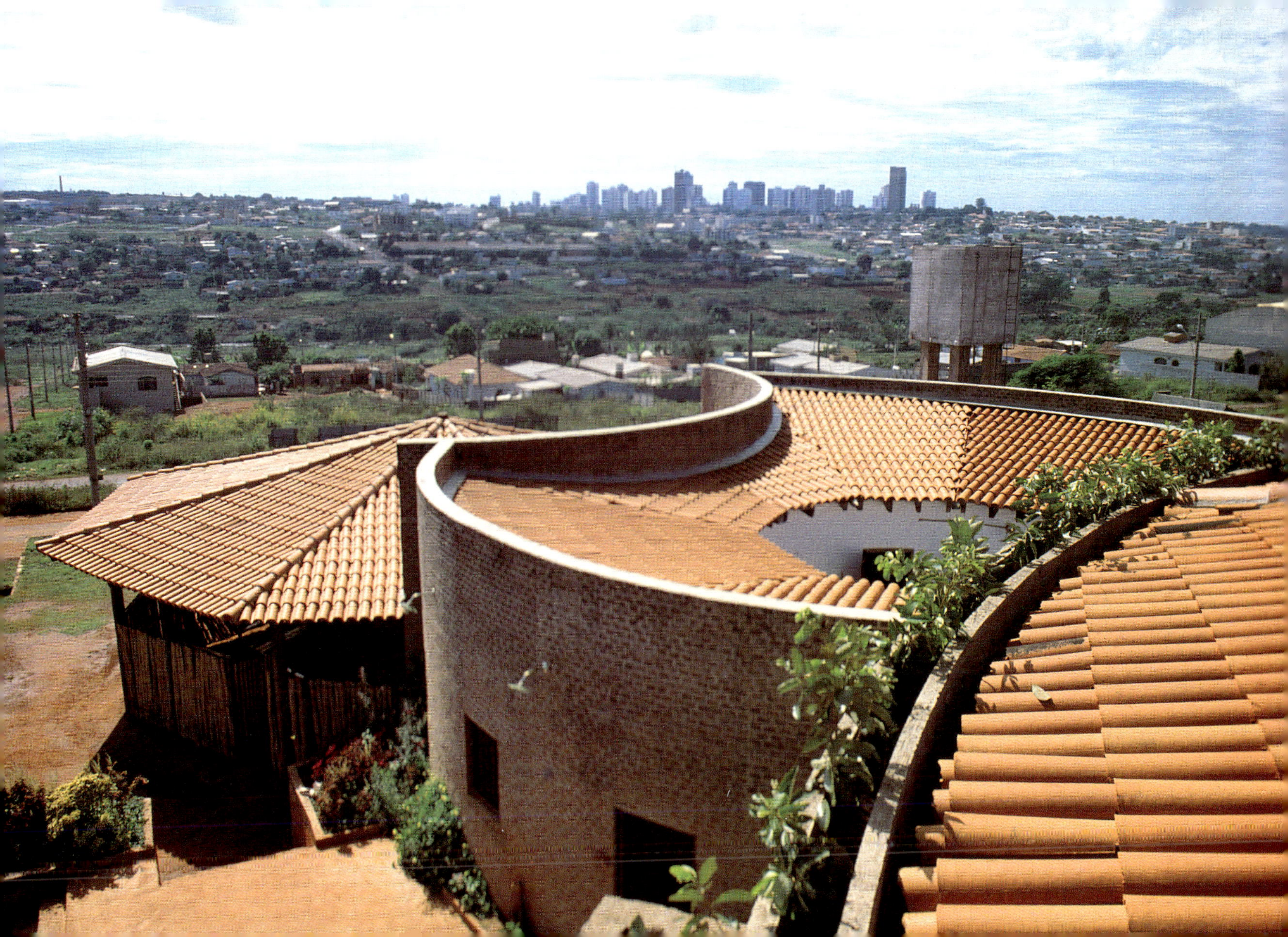

Sacrário
pedra
Cristal

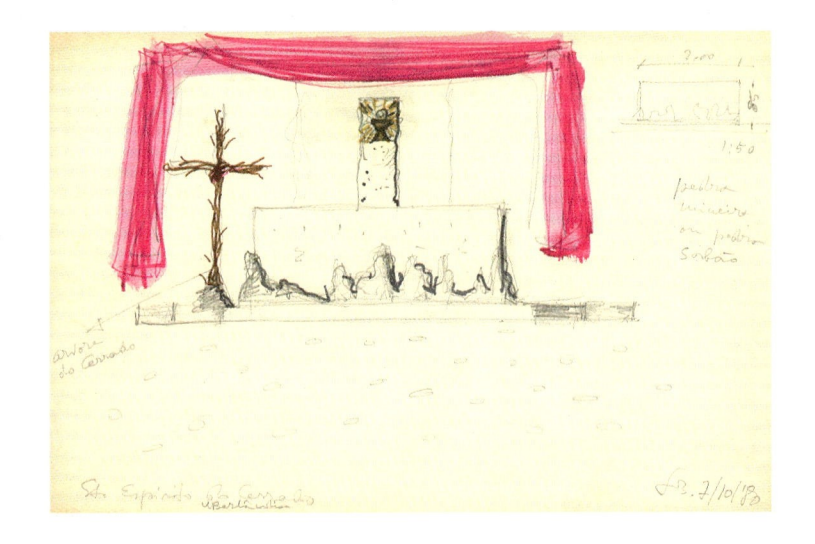

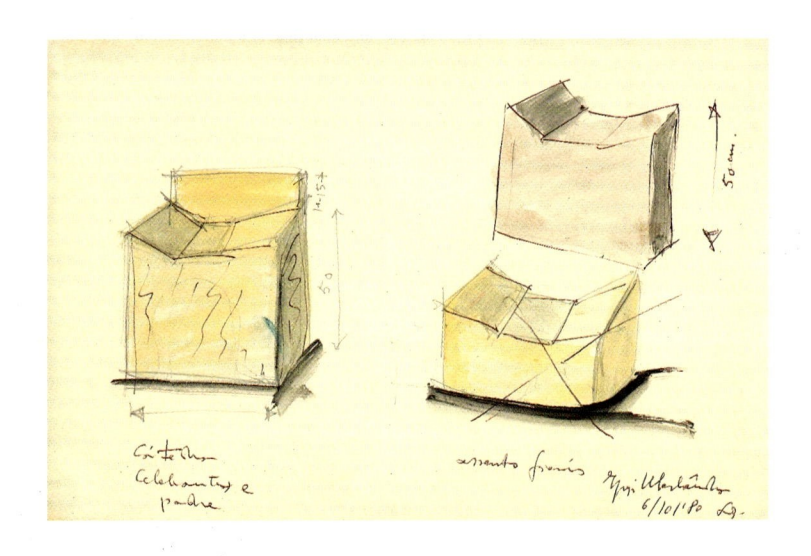

Uberlândia
6/10/'80
S.P.

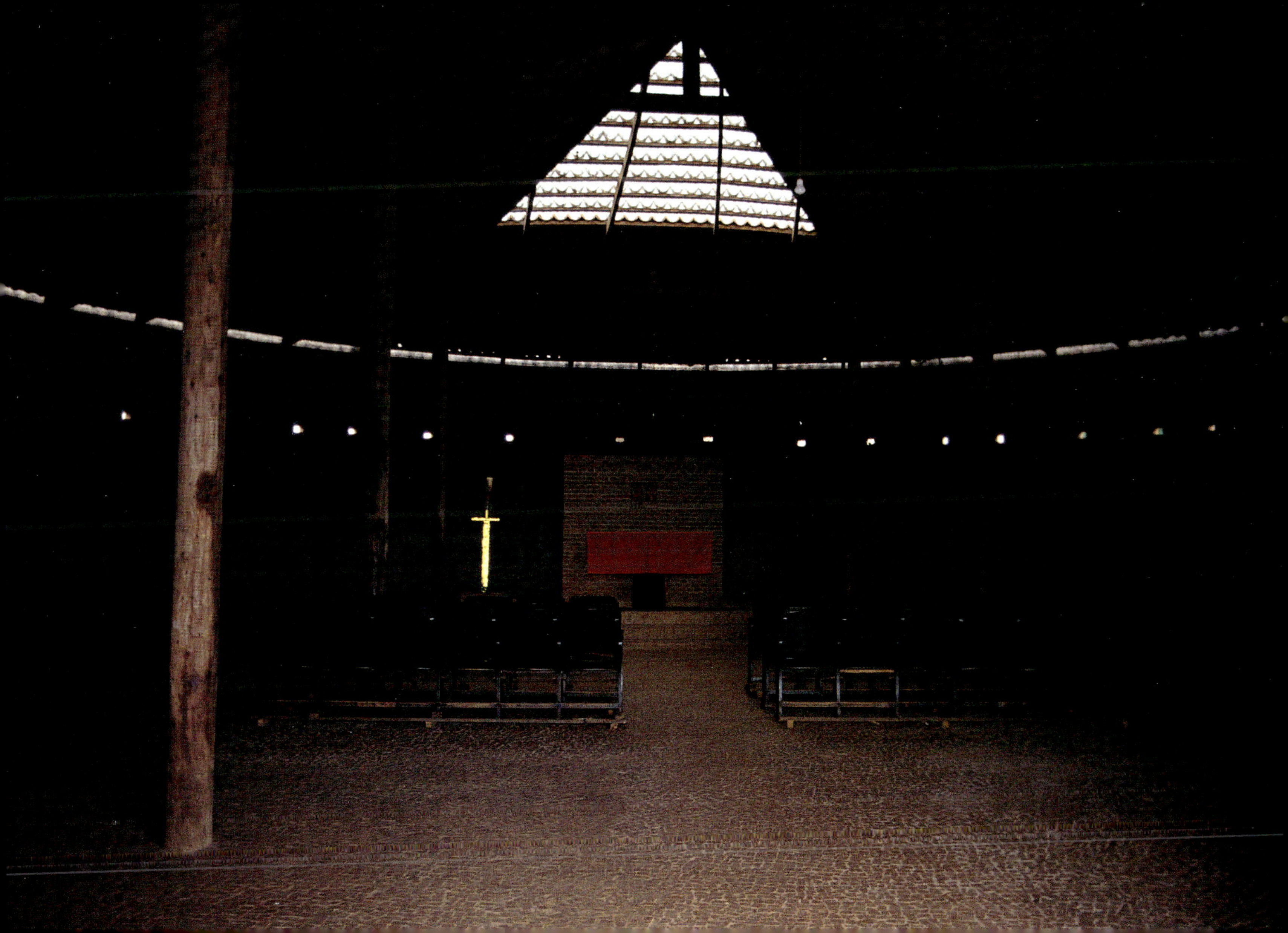

interior
sacrario
bronze
folheado ouro

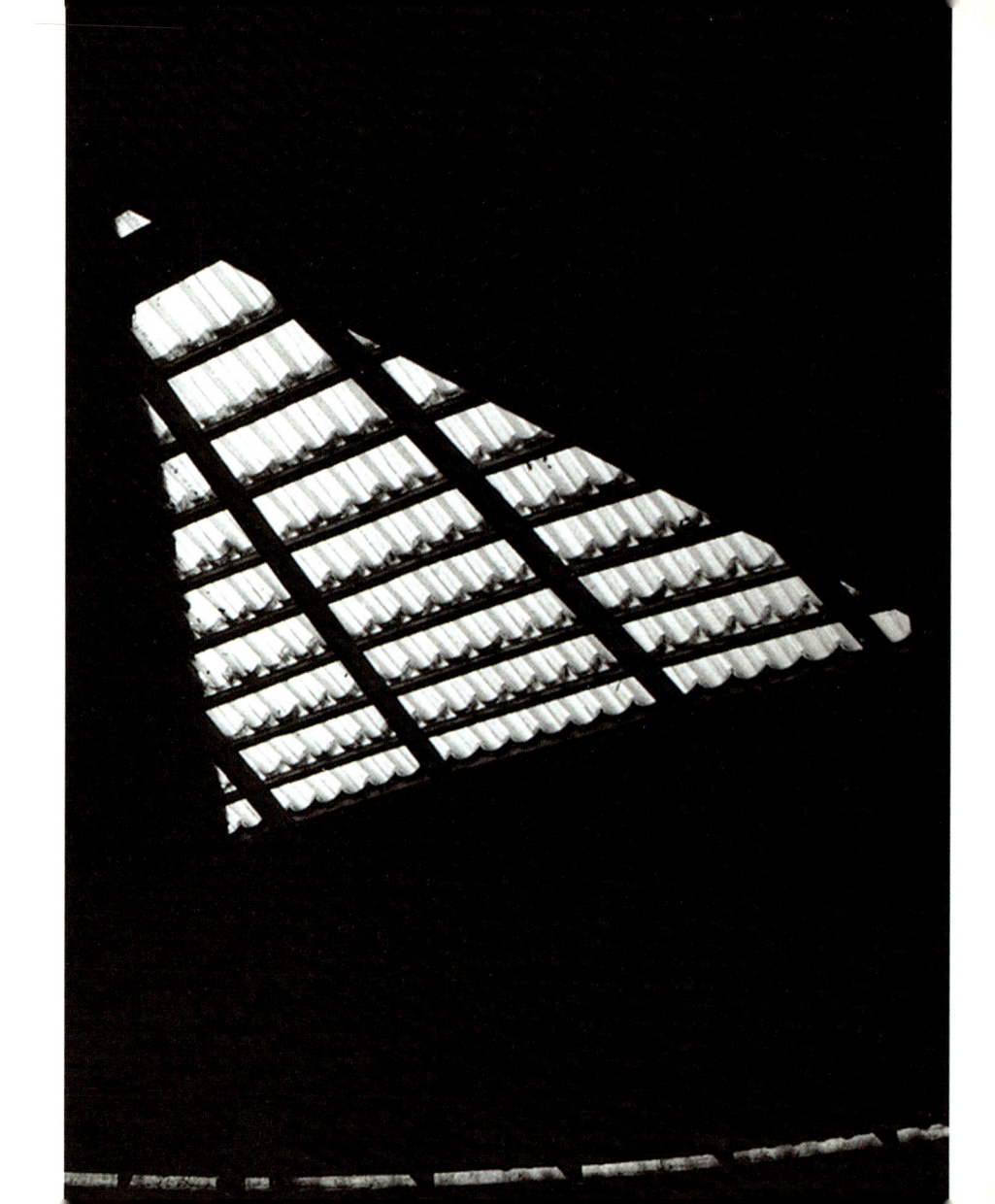

ouro

porta
bronze maciço
fundida

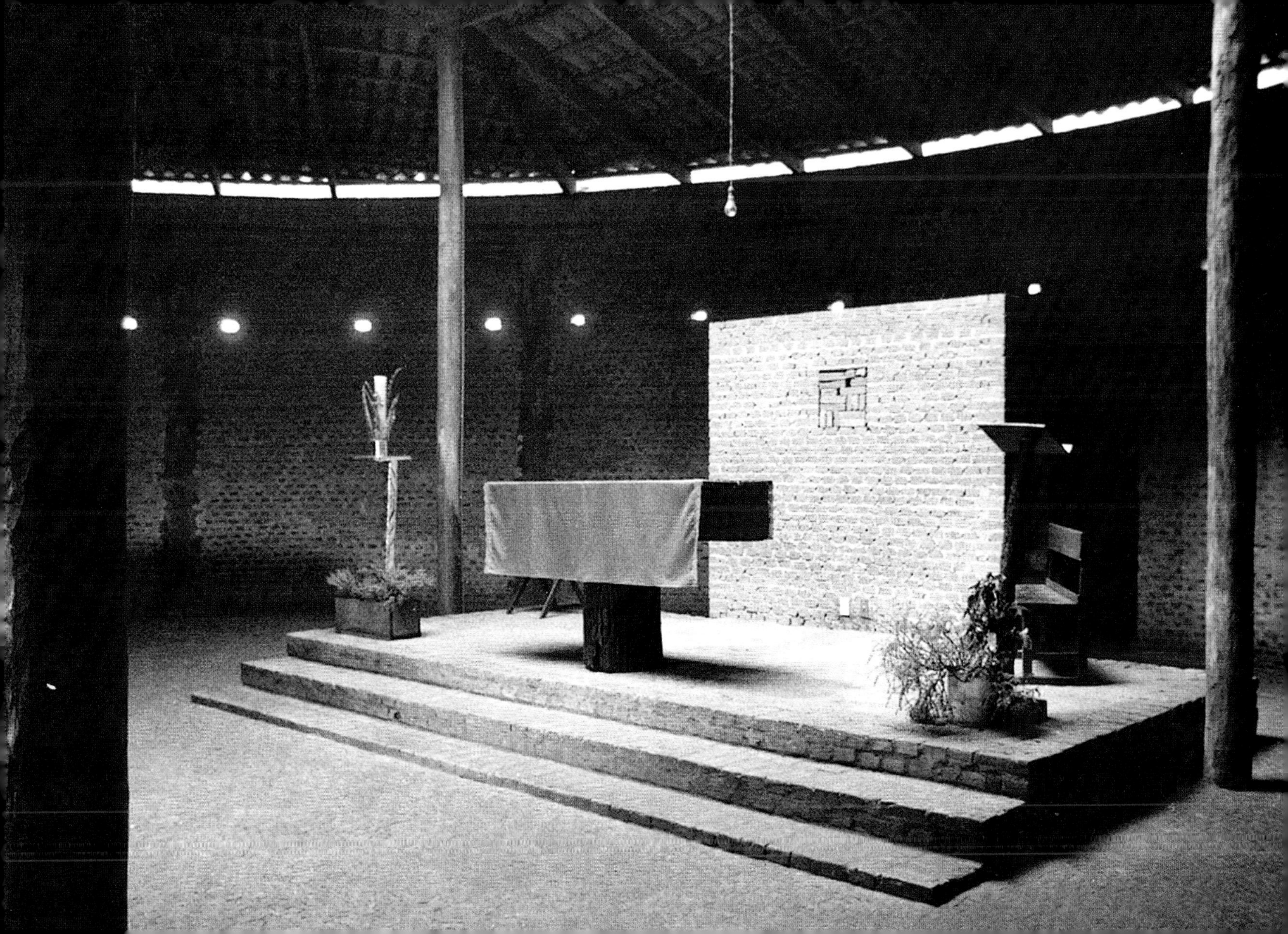

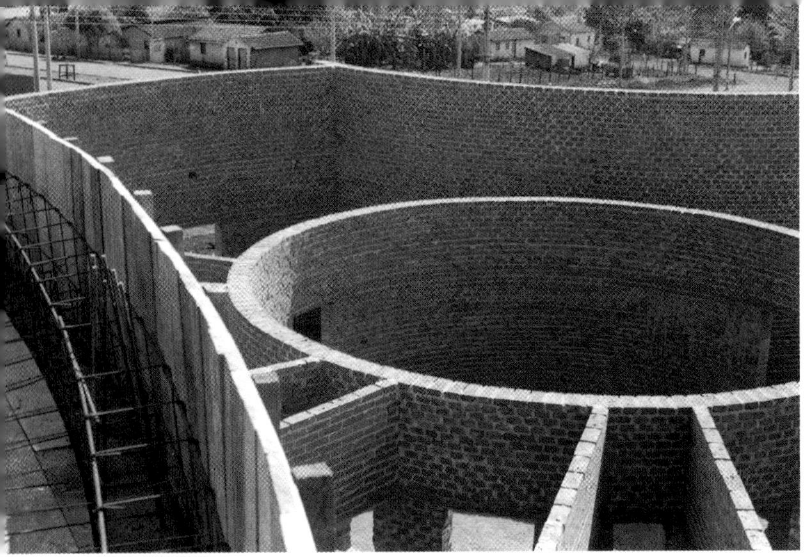

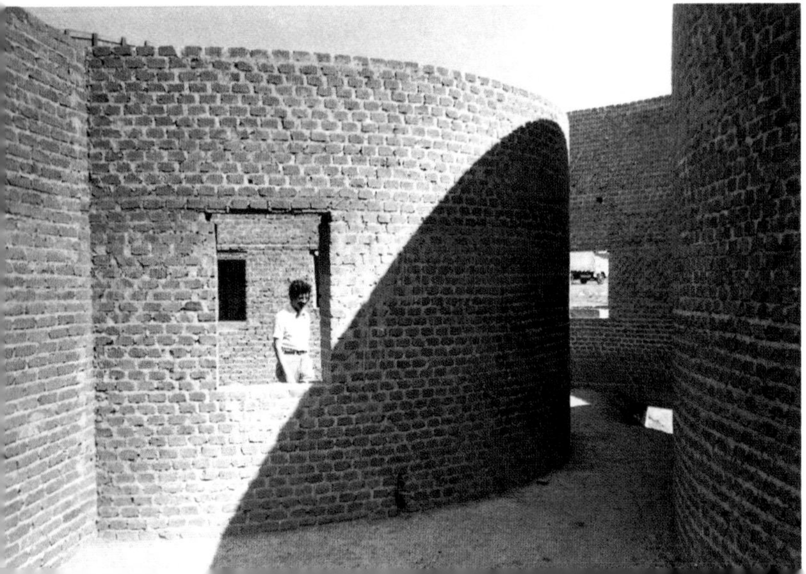

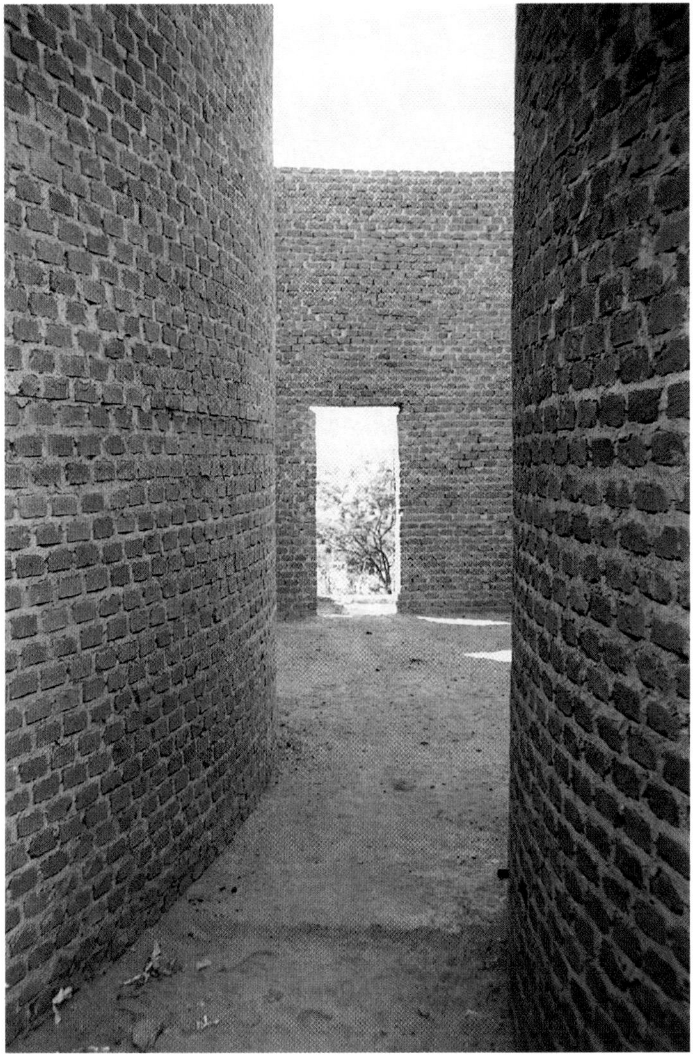

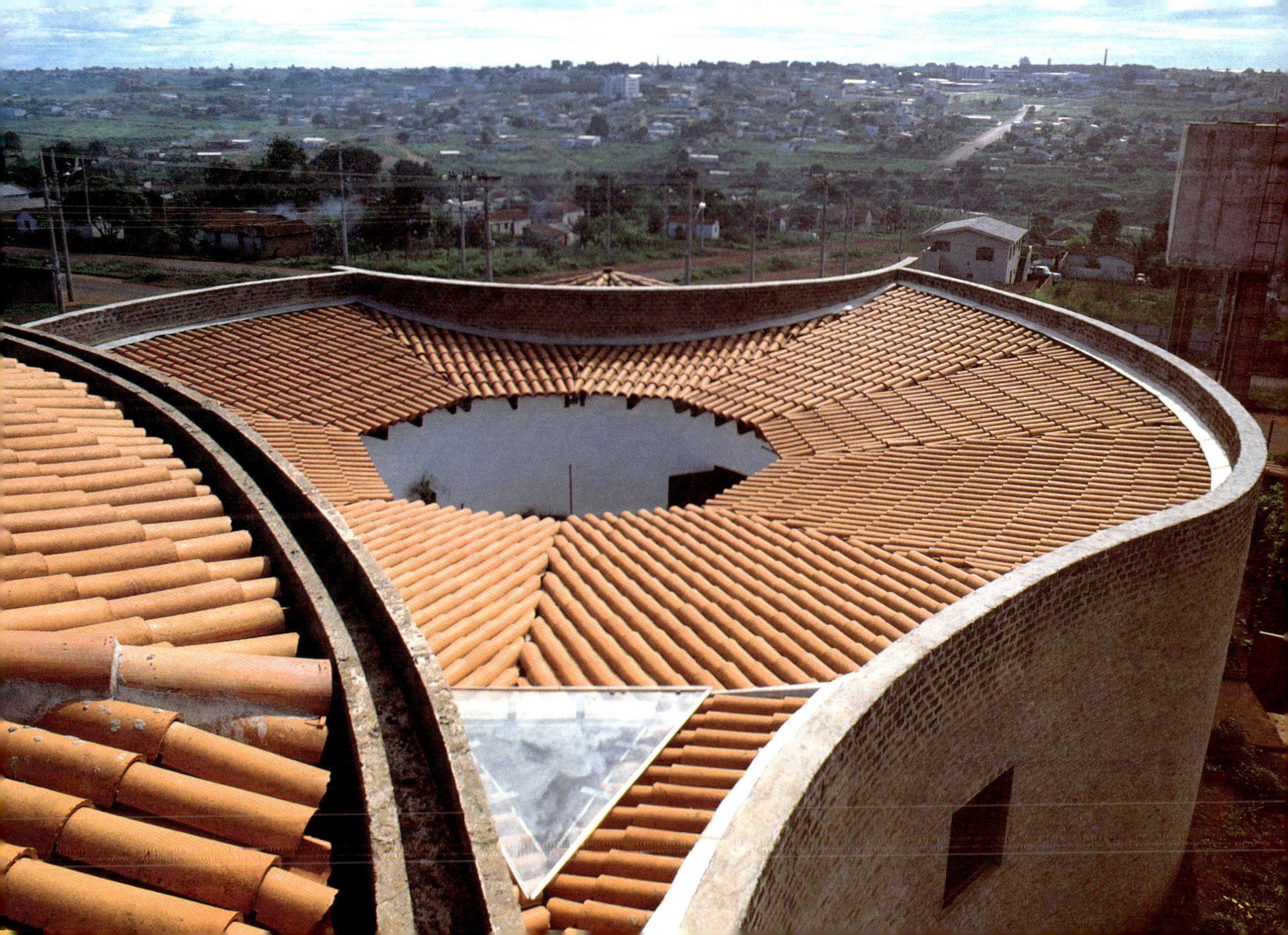

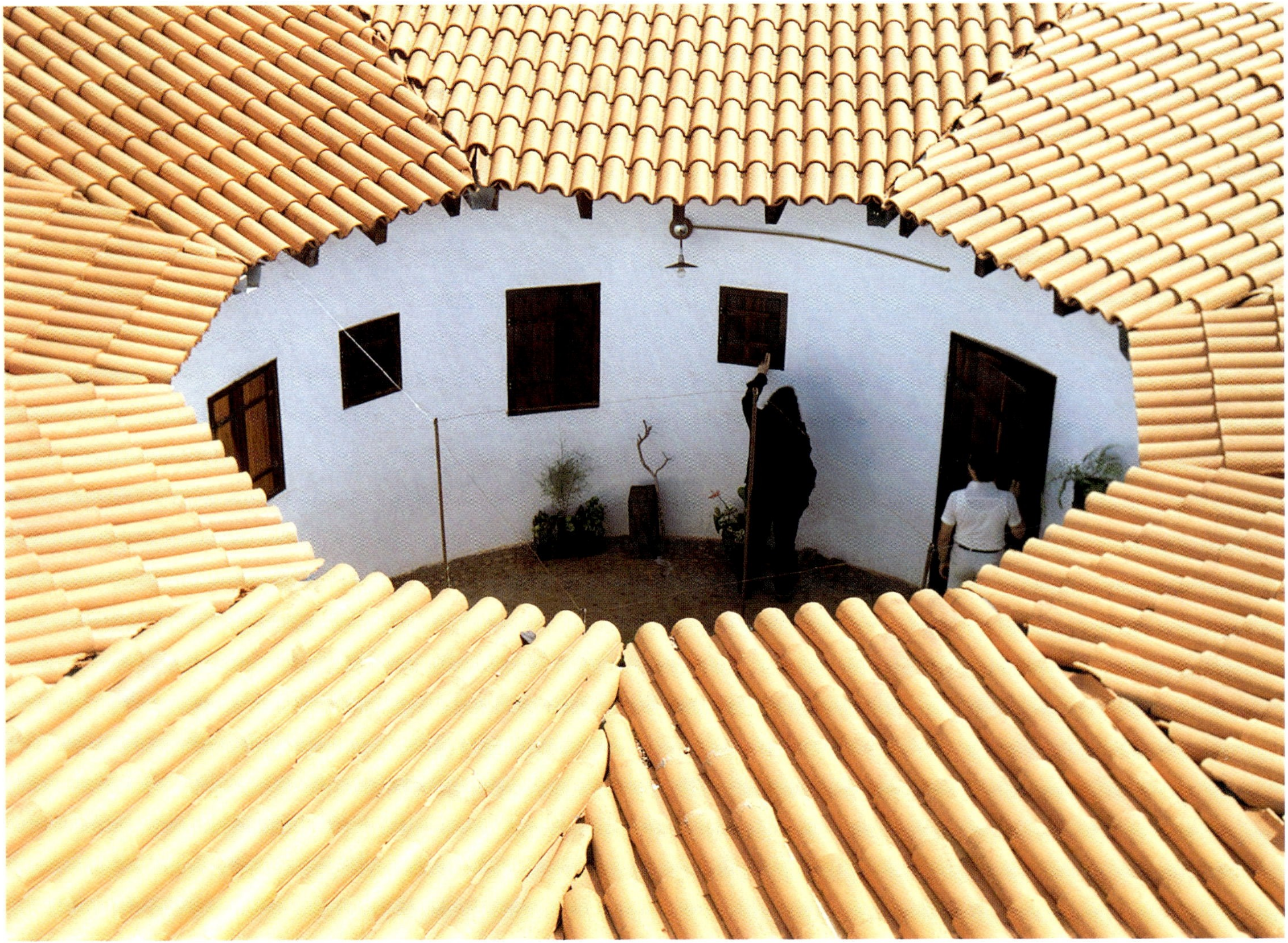

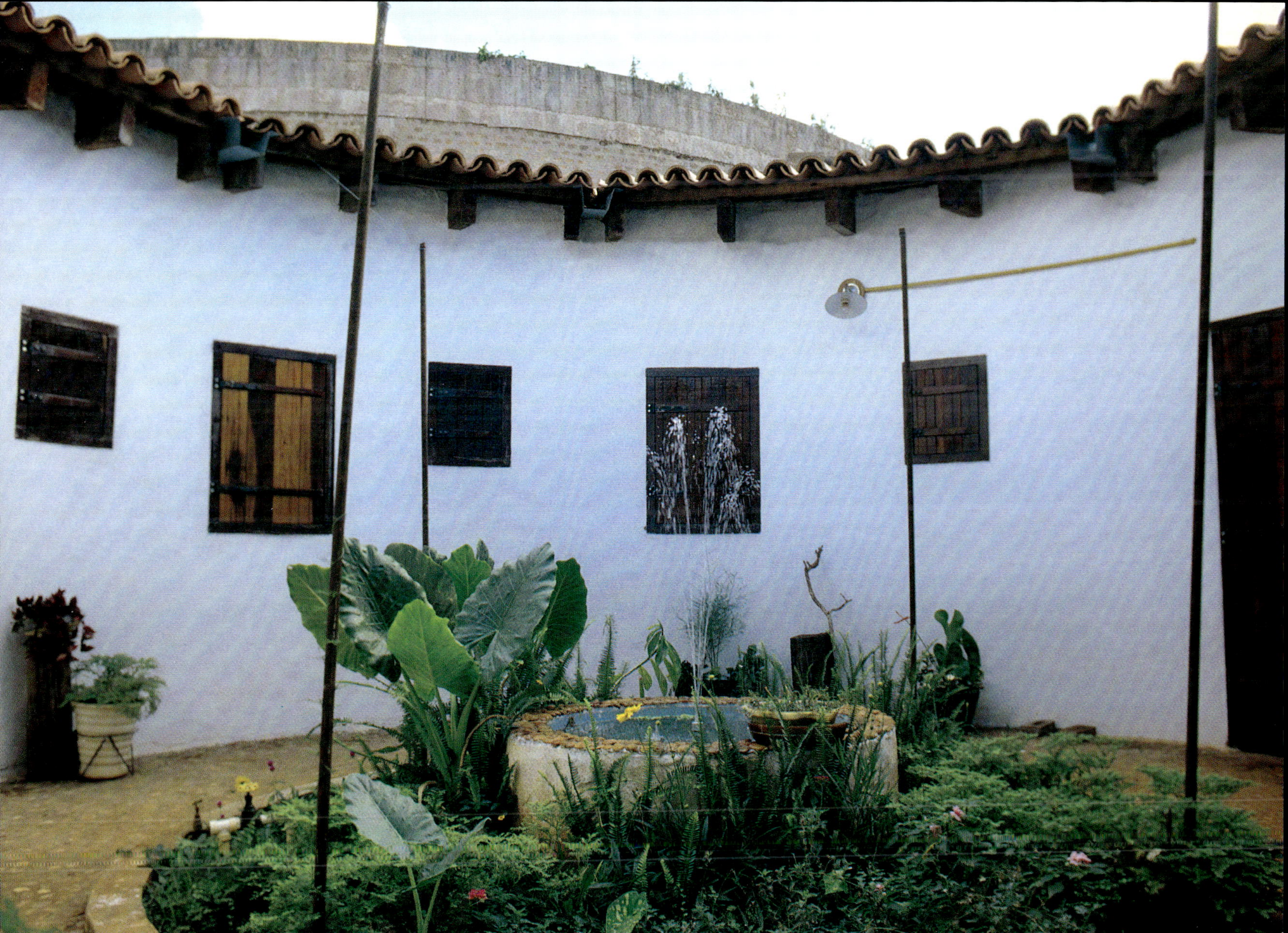

Celas Freiras

- armários p/ malas portas de correr
- armário roupa etc.
- cabides neste sentido
- forro madeira
- estante p/ livros
- Luz
- gaveta
- cama com 2 gavetas
- prateleira p/ livros etc.
- buraco p/ copo de água etc.
- mesa
- prateleiras
- portas 4 abertura
- madeira: Ipê amarelo encerado

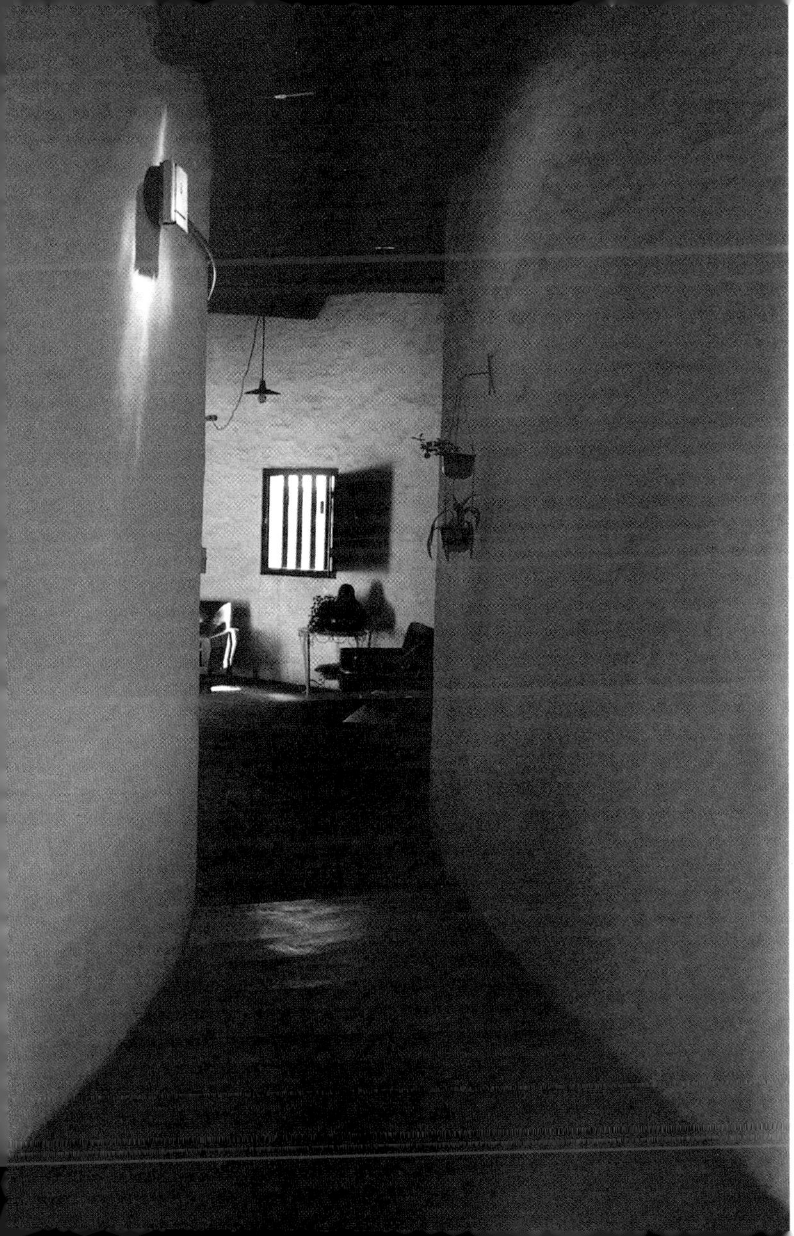

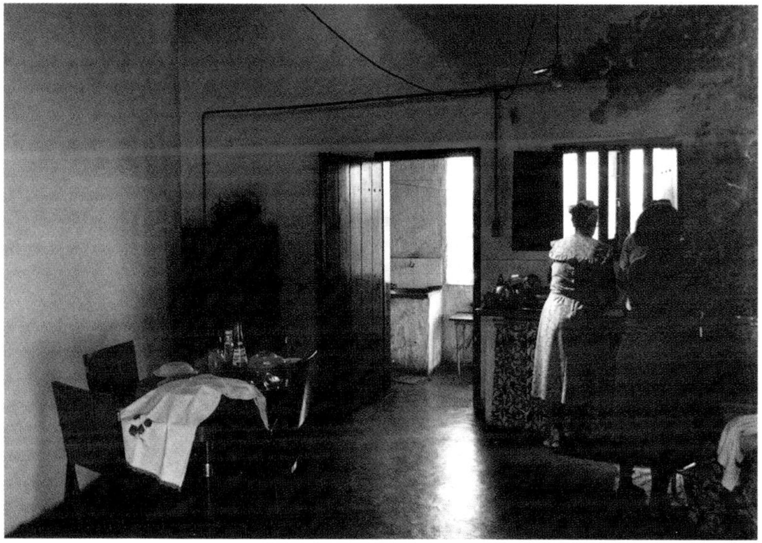

PLANTA
s/escala

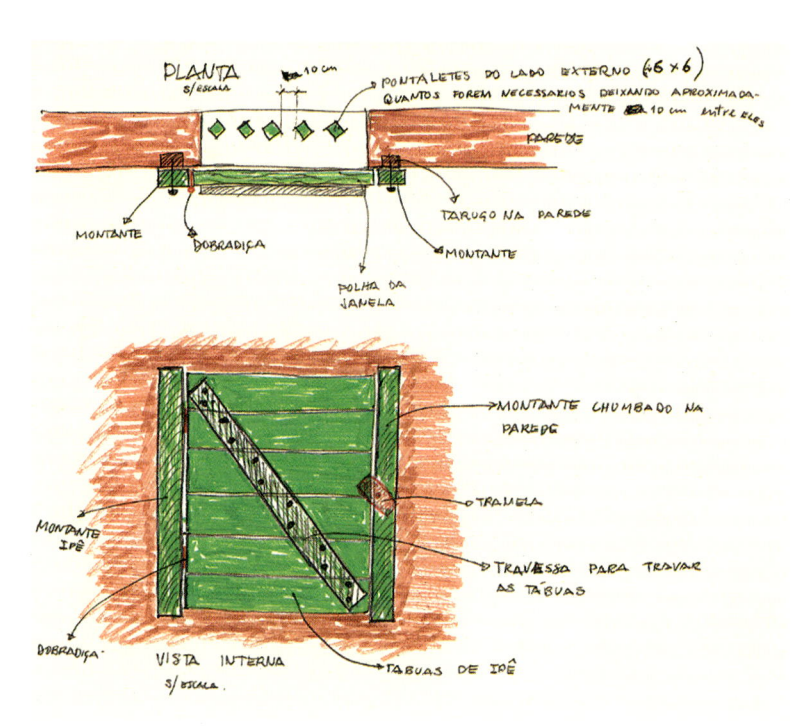

PONTALETES DO LADO EXTERNO (6×6)
QUANTOS FOREM NECESSÁRIOS DEIXANDO APROXIMADAMENTE 10 cm ENTRE ELES

PAREDE

MONTANTE
DOBRADIÇA
FOLHA DA JANELA
TARUGO NA PAREDE
MONTANTE

MONTANTE CHUMBADO NA PAREDE
TRAMELA
TRAVESSA PARA TRAVAR AS TÁBUAS
MONTANTE IPÊ
DOBRADIÇA
TÁBUAS DE IPÊ

VISTA INTERNA
s/escala

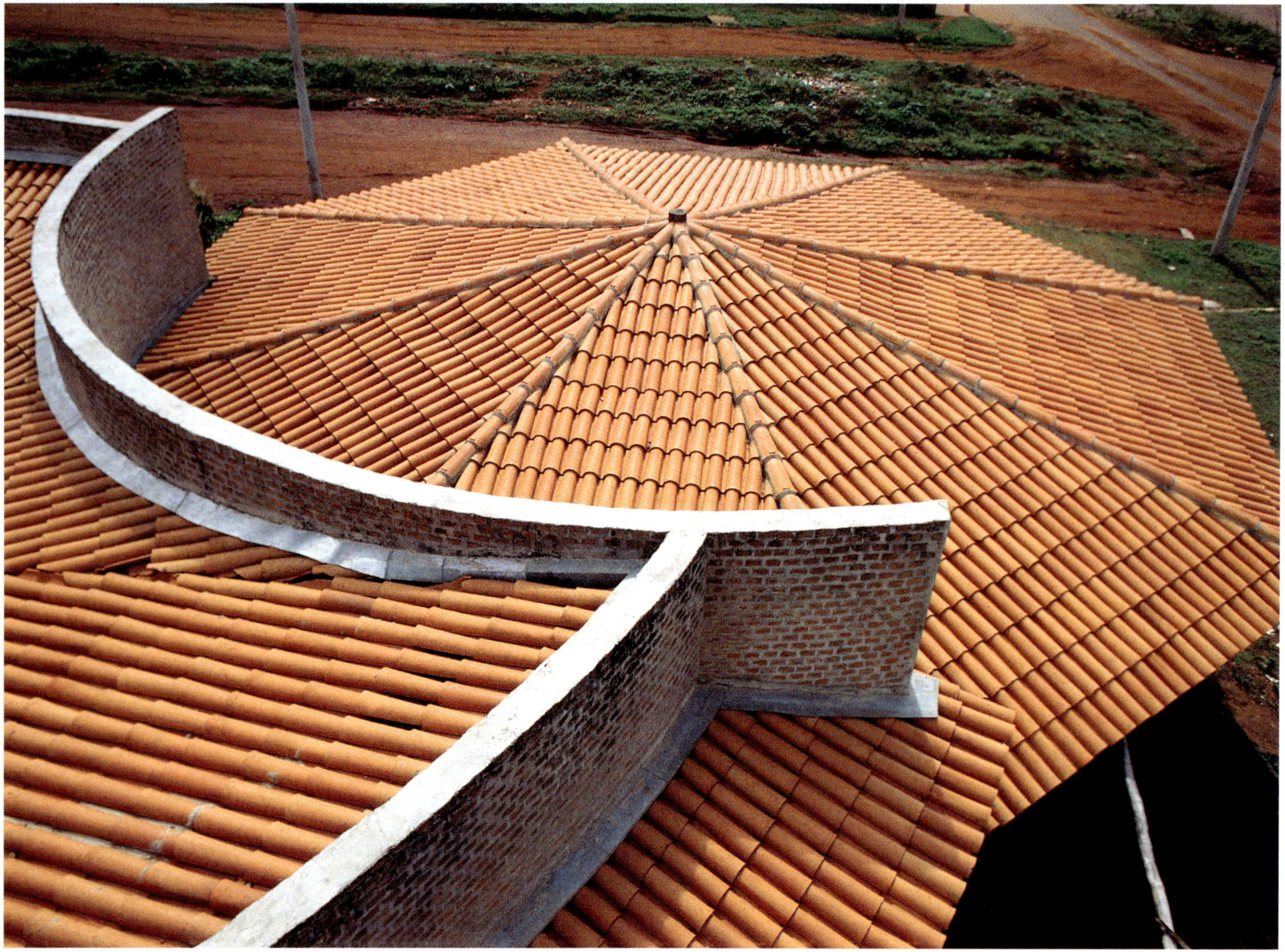